어느 날에도 난 그대가 그리우니

어느 날에도 난 그대가 그리우니
시 쓰는 남자의 다섯 번째 詩 이야기

초판 1쇄 발행 2024년 12월 20일

지은이 전호진
펴낸이 장길수
펴낸곳 지식과감성˚
출판등록 제2012-000081호

교정 김나현
디자인 강샛별, 오정은
편집 오정은
검수 주경민, 이현
마케팅 김윤길, 정은혜

주소 서울시 금천구 벚꽃로298 대륭포스트타워6차 1212호
전화 070-4651-3730~4
팩스 070-4325-7006
이메일 ksbookup@naver.com
홈페이지 www.knsbookup.com

ISBN 979-11-392-2307-1(03810)
값 15,000원

• 이 책의 판권은 지은이에게 있습니다.
• 이 책 내용의 전부 또는 일부를 재사용하려면 반드시 지은이의 서면 동의를 받아야 합니다.
• 잘못된 책은 구입하신 곳에서 바꾸어 드립니다.

지식과감성˚
홈페이지 바로가기

시 쓰는 남자의 다섯 번째 詩 이야기

어느 날에도 난 그대가 그리우니

시인 전호진

목차

1장 고백해 봅니다
여전히 그대를 궁금해한다고…

사월의 벚꽃처럼	12
고백해 봅니다	14
궁금해진 하루	15
스무 살이 된 나의 딸에게	16
석양이 아프다	18
'그리우니' 되었다	19
사랑하는 사람에게	20
참회록懺悔錄	21
인생은 그렇게	22
사라지지 않을 것에 대하여	23
난 여전히 설레인다	24
동감	25
가을 애상	26
여운餘韻	27
그런 날	28
가을과 이별의 공통점	29
무제無題 1	30
무제無題 2	31
그날의 가을이 있었다	32
여전히 사랑이려니	33
그대, 가을비가 내립니다	34
하필이면 어쩌다가	36
네가 내게 왔다	37

겨울로 가고 있다 ………………………………… 38
다 지나간다 …………………………………… 39
나의 가을을 보냅니다 …………………………… 40
그대의 길을 따라 지나가겠지 …………………… 41
그대가 생각난다면 ……………………………… 42
그대는 오고 있으니 ……………………………… 43
내 마음입니다 …………………………………… 44
詩人의 자화상自畵狀 …………………………… 45
남해南海의 아침은 아름답다 …………………… 46
특별하지 않아도 ………………………………… 47
그대는 모르리라 ………………………………… 48
기도합니다 ……………………………………… 49
떠나는 겨울엔 …………………………………… 50
기도하는 밤입니다 ……………………………… 51
어느새 물드네 …………………………………… 52
그렇게 떨리는 순간 ……………………………… 53
우리의 밤도 그런가요 …………………………… 54
그대여 밤으로 오소서 …………………………… 55
그 섬은 …………………………………………… 56
또 어떠랴 ………………………………………… 57
이별을 대하는 태도 ……………………………… 58
산중야경山中夜景 ……………………………… 59
그런 마음으로 …………………………………… 60
동백이 핀 어느 겨울 상주 바다에서 …………… 61
소치도에 겨울비가 내리고 ……………………… 62
고향의 봄 ………………………………………… 63

2장 오랜 그날처럼 우린 여전히 사랑하고 있으니

너를 보내면서 …………………………………… 66
너는 피었고 나는 좋았으니 …………………… 67
이제 나는 어찌하면 좋을까 …………………… 68
오랜 그날처럼 …………………………………… 69
바람은 설레었다 ………………………………… 70
그대를 두고 온 날처럼 ………………………… 71
우린 사랑하는 사이였다 ……………………… 72
그대만 모르겠지요 ……………………………… 73
그대여 부디 ……………………………………… 74
그 마음이면 어떨까 …………………………… 75
이 눈이 그치고 나면 나의 봄은 오겠지 …… 76
여울에 서서 ……………………………………… 77
숙명으로 그대는 ………………………………… 78
그런 날이면 ……………………………………… 79
서녘의 앞바다가 물들 때 ……………………… 80
나의 달아 ………………………………………… 81
봄의 향유享有 …………………………………… 82
목련이 핀 날이면 ………………………………… 83
봄 까치꽃 핀 봄에 ……………………………… 84
슬픈 공통점 ……………………………………… 85
가슴을 두고 쉬고 싶네 ………………………… 86
어느새 봄은 ……………………………………… 87
동백이 피던 날 오후가 되면 ………………… 88

그대에게 반하는 순간 ················· 90
기다려도 좋은데 ··················· 91
동백이 빛나는 봄비 내리는 날에 ········· 92
그대가 나는 궁금해졌다 ··············· 93
붓꽃이 피면 ······················ 94
봄, 이별가를 부르다 ················· 95
너는 빛나는 꽃이었다 ················ 96
서로 마주 보는 것 ·················· 97
남해의 밤바다 ····················· 98
그대에게 향하는데 ·················· 99
사랑을 추앙하다 ··················· 100
성숙成熟 ························ 102
인생 고찰考察 ···················· 103
아카시아 핀 그 밤은 향기롭고 ·········· 104
대나무 숲에서 나를 만나다 ············ 105
미조항 선술집에서 ·················· 106
감정 시선視線 ···················· 108
그대여 어찌하오 ··················· 109
이별이 그런 거라면 ················· 110
붉은 작약꽃을 기억하는데 ············· 111
잠이 깬 밤에 ····················· 112
그대와의 순간이면 ·················· 113
그대를 그리워하는 밤에 ·············· 114

3장 이별의 앞에 선 우리는 서로를 이유로 아파하지 맙시다

그런 아침입니다	118
바다가 물들고	120
사막의 별은 빛나고	121
그대에게	122
세상에 꽃 한 송이 피는데	123
파도 소리에 잠든 밤 1	124
파도 소리에 잠든 밤 2	125
그런 하늘입니다	126
'숙명'이리라	128
인생人生을 정의하고	129
청춘	130
언젠가는	131
그럴 테지요	132
사랑 방정식	133
어쩌랴 그대라면	134
평온의 그런 날	136
유행가 가사처럼	137
인생결심決心 1	138
인생결심決心 2	140
밤저녁	141
이별 앞에서 우린	142
그대를 기억하리라	143
그대는 늘 나의 편입니다	144

빛나던 별의 밤에 앉아	146
사랑받고 사랑하고	148
사랑한다고 말하리라	149
동행	150
다시 그 순간이면	151
웃으며 그대를 보냅니다	152
들꽃으로 기억하라	153
시인詩人의 고백告白 1	154
시인詩人의 고백告白 2	156
그대와 걷습니다	157
그대에게 반한 시간은	158
같은 마음이셨을까	159
가을 편지	160
그런 달이더라	162
그대의 밤엔	164
가을 닮은 그대여	165
아득히 먼 곳에	166
계절은 흐르지만	167
그렇게 빛나더이다	168
가을이 되었습니다	169
간이역에 서서	170
그렇게 흘러간다	171
누군가로 아파하지 마라	172

1장

고백해 봅니다
여전히 그대를 궁금해한다고…

사월의 벚꽃처럼

눈부신 바람이
창밖으로 불면
봄 실은 벚꽃 향
하얀 바람이
눈처럼 나립니다

그대의 가슴에
나의 눈 속에
우리의 사랑에
설레이는 하얀 벚꽃이
눈처럼 나립니다

봄의 대지 위로
시간이 흐르듯
바람이 스치고
꽃잎이 나리는
사월 산중에
그대 닮은 하얀 벚꽃이
눈처럼 나립니다

아지랑이 속 파란 하늘엔
구름이 떠 가고
멀리 해넘이 자리에
어느새 노을이 져 가도
물들지 않는 시간 속
사월 산중엔
그대 그리운 하얀 벚꽃이
눈처럼 나립니다

고백해 봅니다

푸르러 가는 시간의 어디쯤
그렇게 핀 들꽃처럼
당신을 그리고
오래도록 그대의 눈 속에 깃들어
사랑이라 느끼는 이 시간에
내가 뱉는 숨 하나하나
그대 위해 쓴 시 한 편 한 편
그대의 설렘으로 마주한 눈빛들과
그대의 보드라운 손길,
그리고 그대의 따뜻한 입술처럼
이 봄, 더 사랑하나니
그래서 그대면 행복이도록
그대의 귓가에 사랑한다 고백해 봅니다

궁금해진 하루

어제의 그대가
오늘의 그대가
내일의 그대가
하루의 그대가
매순간 그대가
그렇게 그대가
그래도 그대가
언제나 그대가

나는 궁금하다

스무 살이 된 나의 딸에게

새벽 별이 더없이
예쁘던 스무 해 전 그날
낭랑히 울음 울며
사랑하는 딸이 내게 왔지

십 개월 엄마의 품에서
첫울음으로 세상에 온 날
너로 인해 우린
아빠가 되었고 엄마가 되어
펑펑 울어 기쁜 그때를 기억하며
사랑하는 딸이 내게 왔지

조잘대던 그 예쁜 입술이
좋아하는 딸기보다 붉고
조그맣던 그 귀여운 손에
토끼풀 반지 끼워 해맑게 웃던
마냥 예뻤던 그 시간들을 그리면서
사랑하는 딸이 내게 왔지

마음 졸이며 첫발을 떼고
가슴 졸이며 세상에 나서는
너의 뒤를 응원하고 격려하며
우리가 살아가는 삶의 의미가 된
나의 딸 내 전부,
사랑하는 딸이 내게 왔지

인생이 버거울 수도 있던 순간순간,
그래서 어른이 되어 가는 시간에
너의 시간을 대신해 주지 못하는
어느 삶의 순간에도
힘들어도 견뎌 내 주던 널
가슴으로 울며 응원했었고
스무 살이 된 오늘 그렇게
당당히 성인이 된 나의 심장
사랑하는 딸이 내게 왔지

석양이 아프다

눈이 부시게 빛나던
아침의 햇살을 향해
처음 디뎠던 떨림처럼
찬란히 시작한 인생에도

뜨거웠던 한낮의 햇살들도
소나기 젖어 추웠던 날들도
열정에 몸부림치던 밤들도
모든 걸 던진 내 삶이었으니
원망은 또 무엇 하랴

저무는 인생길 서녘의 시간으로
담담히 걸어가는 이 순간에도
잘해 냈다 보듬을 내 삶이니

그저 오늘이, 살아온 날들이
시간을 마주한 인생의 끝으로
아름답게 태워지는 순간…
붉은 석양이 아프다

'그리우니' 되었다

파란 하늘의 바람이 날아
사그락사그락 대숲을 스치는 설렘
유월의 어느 날, 이 빛나는 바람이
그리운 그대에게 닿아질 수 있을까

동해의 바다를 지나고
송림의 푸른 솔가지를 스쳐
발끝에 앉은 이 볕 좋은 바람을
그대도 느낄 수 있을까

꼭 한 번 보고 싶은 그런 날
그대 상념想念에
알싸한 커피 향 설레이는 오후
여전히 난, 그대가 그립다

사랑하는 사람에게

사랑하는 사람 그대여
난 그대의 미소가 좋습니다
난 그대의 손길이 좋습니다
난 그대의 마음이 좋습니다
난 그대의 약속이 좋습니다
난 그대의 사랑이 좋습니다

늘 함께해 줄 수 없어 슬픈 날도
늘 곁에 없어서 아쉬운 오늘도
날 사랑한다는 그대 약속이면
그리움도 마냥 좋습니다

사랑하는 사람 그대여
내 사람인 당신이고
그대 사람인 나이면 되는 우리,
그러니 아프지 말고
그러니 슬프지 말고
그렇게 행복합시다

사랑합니다

참회록懺悔錄

적막의 자락에 한 걸음
걸으며 디뎌 낸 발자국,
후회의 인생이
미더운 나를
뒤돌아보게 한다

순간은 과거로 흐르고
또 앞에 설 미래는 얼룩처럼
내게 남겨질
망설이다 놓치고
그렇게 후회로 점철될
나의 인생길에
용기 없는 용서를 구한다

나약한 나를 대변해
변명처럼 호도하여도
결국은 제자리에 맴돌 뿐
그대에게 미안한 마음으로
난 또 참회의 연단에 선다

인생은 그렇게

그렇게 살아지겠지
후회와 회한으로 켜켜이 쌓아 낸
인생의 무게에 슬퍼도 하고
감당하기 힘든 삶에 봉착하여
좌절감에 먹먹한 눈물도 흘리고
이 삶에서 벗어나 보려 발버둥도 쳐 보고
도망치듯 내달려 봐도 결국
인생의 쳇바퀴 속에 갇혀
마침의 시간을 살아 낼 우린
장담할 수없는 종주의 끝에 이르러서야
평가받고 추억되어질 불쌍함이어도
죽을힘을 다해 우린 살아 봐야 한다

사라지지 않을 것에 대하여

오랜 시간 빛이 바래 슬퍼도
그렇게 잊히기야 할까
기울어 가는 날의 어느 점에 있어도
사라지진 않을 기억
다가올 어둠에 묻혀 가려진대도
종내 기억해 내고 아련해할 그것
보이지 않는다고 없어지진 아니할,
내 삶에서의 넌
끝끝내 망각되지 않으리라

난 여전히 설레인다

빛이 닿아
피어나는 곳곳이
사월의 봄이 되고
빛 밝은 환한 날
봄바람에
빨간 튤립은 하늘하늘 흔들려
계절 가득 나부끼는 이 봄,
시나브로 지나가는 어느 날에도

그대에게
난
여전히 설레인다

동감

어디선가 읽어 본
선술집 벽에 적힌
삶의 정의
"사랑은 눈물의 씨앗"
"눈물은 흐르는 심장"
"인생은 지나야 본전"
"슬픔은 시간이 묘약"
"소주는 따라야 제맛"
"친구는 영원한 아군"
"가족은 영원한 동지"
"딸있음 죽어도 황제"
"아들은 키워도 손해"
"부인은 있으면 든든"
"남편은 있으면 답답"
"애인은 있으면 행복"
"세월은 흐른뒤 후회"

동감?

가을 애상

어허라 아직도 떠나지도 못했건만
구월의 저바람 성급히도 달려왔네
계절의 떠남이 뉘라하고 막을까만
순리로 맞음이 당연하다 말을한들
그래도 가슴이 미어지는 이계절이
한없이 가여워 이밤흘로 눈물짓네

가을의 바람은 뉘닮아서 아픈걸까
순간을 흐르다 닿아지는 계절속에
오래전 잊었던 그대모습 생각나면
이아픈 계절도 그리운밤 설렘이니
생각만 하여도 아름다운 그시간은
이가을 지나듯 영원으로 흐르겠지

여운餘韻

한 방울의 빗소리
세상을 다 적시는 것,

가고 난 뒤에
그렇게 남겨지는 것,

변하고 변한 세상에도
홀로 남아 기억되는 것,

모든 걸 지워 버려도
또다시 기억되는 것,

내게서 그대와 같은 것

그런 날

불현듯 네가 생각나는
그런 날
비가 오는 창밖을 보다가 문득
바람이 시원한 풍경 속에
눈이 부시도록 빛나던 햇살 속에
익숙한 카페의 음악 속에
차갑게 식어 버린 커피 향에
눈물 나게 슬픈 영화 음악 속에
배꼽 빠지도록 웃긴 코미디 속에
네가 생각나 미소 짓는

그런 날

가을과 이별의 공통점

설렘보다 슬픔이
기쁨보다 아쉬움이
늘 먼저였던 계절은
이렇게 가을비가 내리고
밤이 긴 시간들을 지나
차가워진 대지에
물들고 스미는 당연함으로
조금씩 잊혀지는 거겠지
그때의 우리 이별들처럼

무제無題 1

뻔한 삶에도
그런 인생도
어느 순간에
너를 만나는
설렘 기대로
나의 가을이
너의 앞에서
함빡 빛난다

무제無題 2

기대로 빛난
가을의 날이
더없이 좋아

파아란 하늘
가득히 담긴
눈부신 시간

오늘의 네게
함께라 기쁜
이마음 살어

떨리는 마음
바람에 보낸
단풍도 예쁜
오늘이 좋다

그날의 가을이 있었다

우리의 바램들이
우리의 계절 속
시간의 한 귀퉁이에 묶여
절망으로 흐르는 그날의 밤

제자리를 맴돌며
혼란한 인생의 절망들 속에
끝내 인정하지 못하는 현실과
끝내 포기하지 못하는 나의 감정 속에서
미련처럼 어딘가 매달린 계절

어딘가로 흐르다
또 어딘가에 닿아 맺히는
순환의 순간들
그저 아쉬움인 감정처럼
결국 지나갈 것이고
결국 보듬어져 치유될 삶이기에

가을로 흐른 계절 앞에
겸허함과 경건함으로
나의 순간들을 맞이한다

여전히 사랑이려니

새벽 그림자 긴 날
산턱 비늘구름이
어둠빛 하늘에 숨은
가을에 젖고

그대 그리워 지새운 밤 뒤로
떠나지 못한 그리움은
산새를 넘는 바람에 흔들리네

아련한 안개 속 시월의 아침
보고 싶은 사람아

그리워만 하는 가슴도,
여전히 설레이는 추억도,
떠나지 못하는 이 계절은
그대 그리운 사랑이라

그대, 가을비가 내립니다

그대, 9월의 아침 산중에는
계절로 흐르는 비가 옵니다
한낮은 아직 지난 계절을
다 정리하지도 못했는데
내가 있는 이곳은 금세
그 순간을 잊을 기세입니다

그대, 9월의 아침 산중에는
가을로 물들 비가 옵니다
당신이 다녀간 달뜬 설렘이
채 식지도 않았는데
그대와 걸었던 길 그 위에
이 비만이 아쉬움을 덮습니다

그대, 9월의 아침 산중에는
그대 닮은 가을비가 내립니다
그대가 내 가슴에 물들듯
그렇게 스밀 계절이라
더없이 기다려도 지지만

종내 물들어 떠나는 계절이 슬픈
그런 아침입니다

그대, 9월의 아침 산중에는
가을비가 내립니다

하필이면 어쩌다가

그대를 만난 순간
하필이면 어쩌다가
우린 그곳에서 스쳤을까

우연이란 만나야 하는 필연,
만나야 할 사람은
만나게 된다는 정설의 증명

그러다 헤어진 우린,
하필이면 어쩌다가
이별을 맞고 아픈 밤들을 보낼까

하필이면 어쩌다가
우리일까

네가 내게 왔다

바람이 차가워진 이른 계절
텅 빈 길 위로 부는 바람 타고
하얀 첫눈이 내린 날
네가 내게 왔다

우연히라도 보고팠던
마음 어디쯤에 그리워하던 사랑,
시간을 타고 우리의 계절에
널 닮은 첫눈으로
네가 내게 왔다

사랑하나니
기다리며 애태웠을 날들,
그저 잠시라도 좋을
겨울의 어느 밤에 그리움처럼
네가 내게 왔다

너의 두 볼을 닮은
하얀 첫눈이 내리던 날
설레는 걸음으로
영원의 순간으로
네가 내게 왔다

겨울로 가고 있다

지나가는 시간은
여수 동백꽃
때 이른 붉은 빛 속에서
나의 계절을 추억하고
차가운 11월의 날에
시린 바람 속을
흐르는 계절이 이를 곳,

북극의 바다를 돌아
그대의 앞에 멈춰 서면
차가운 시간은 그렇게
또 잊히고 또 기억되어지며
밤의 시간 동안 흐르리라

오늘의 흩어질 계절은
그렇게 겨울로 가고 있다

다 지나간다

다 지나간다
기다리면,
그럼 잊어지고
치유될 것이라

그러다 보면
그렇게
살아 내다 보면
다 지나간다

나의 가을을 보냅니다

몇 날의 밤과
몇 날의 낮을 견뎌 낸
가을의 시간이
어느 밤바람에 밀려
나의 기억 속으로 물러나고

방황의 계절 속
아름다운 나의 가을이
황망한 가슴속 심연으로
허무히 사라져 가는 시간

또 후회이고 또 아쉬움으로
긴 인내의 시간을 밀어내
어디로 가는지도 알 수 없지만
급한 걸음 재촉하는
가을바람 속에서
나의 계절이 떠나간다

그대의 길을 따라 지나가겠지

시간이 오고 가는 길목에 서서
멀리 돌아가는 바람의 뒷모습에
그렇게 왔다 가면 되었다 했지,
떠나가는 시간은 슬프겠지만
한때는 곁에도 머물렀으니
내 인생의 어디쯤 스치울 사랑도
그대의 길을 따라 지나가겠지

그대가 생각난다면

그대의 따스한 체온이 좋아 행복한 오늘도
흘러 멈추지 못하고 가는 세월에 아쉬운데
당신의 곁에 나란히 선 이 순간도 슬픔이니
그저 부르면 흩어져 사그라질 맹약이라도
'사랑한다' 속삭이면 영원으로 남겨질 거라
그대여 부디 시문의 글 보다 오래오래 남아
살아 낼 삶 어느 즈음에 문득 생각이 난다면
우리 처음의 그날처럼 애절히 사랑합시다

그대는 오고 있으니

어디로 가야 하는가
어느 곳에 멈춰 설 것인가
짧았지만 소중했던
그 순간에도 그대는 없지만
그래도 오길 기다리던
돌아올 것이니 기다리라던
그대가 떠난,
덩그러니 빈 길 위에서
바람에 일렁이는 길 잃은 그림자
헤매이다가, 또 서럽게 울다가
지나가는 겨울비가 슬픈 어느날이면
끝내 어느 처마 끝에 맺혀 빛나지겠지
그렇게 기다리는 새 계절은
그렇게 시나브로 오고 있겠지

내 마음입니다

지금일까요
'우리'라는 말로
서로가 함께였던
그 빛났던 시간이
끝나지고 홀로 남겨질
처연한 순간이 오고 있음이

인생에서 또 언제일까요
지금이 끝은 아니겠지요
또 오지야 않을 수도 있지만
그대 덕분에 당당하고
굳건할 수 있었던 우리

그 시간을 감사해합니다
그 시간을 그리워합니다

詩人의 자화상 自畵狀

적막에 이른 밤의 사이에서
나의 글들이 방황 중이다
금방이라도 터질 듯한
생각의 홍수 속에서
정렬되지 않은 글들이
행간을 방황하고,
깊은 어둠의 속
전자시계 불빛에 의지한
시야의 끝에 세운 詩語가
노래하라 날 보채는 밤,
나의 詩는 끝나지 않았고
그렇게 나는 이 밤을 새기고 있다

남해南海의 아침은 아름답다

아침의 빛이 닿기도 전
여명의 뒤편 흑백의 시간들이,
고요로 쳐 내는 파도에 갇혀
어둠을 태우고
부스러진 잿가루에
남해의 새벽은 붉게 물든다

그렇게 버텨 낸 밤들이
저 먼 남국으로 달음질쳐,
잠이 덜 깬 해 한 줌
수평선에 걸어 놓으면
이 새벽을 깨우는 남해의 아침은
여전히 빛나고
여전히 아름답다

특별하지 않아도

그리워하는 시간 동안
내가 너와 하고 싶은 것
바람이 찬 겨울날
너와 시선을 나누고
따뜻한 체온을 공유하며
그냥 마주 앉아 있는 것

꼭 그렇게 사랑하고 싶다

그대는 모르리라

억만 겁의 세월을 지나도
여전히 빛나는 별이 있음을
차가운 겨울밤에도
떨리는 육신을 잡고 기도하는
시간은 여전히 자기 자리에 있었음을
그대는 모르리라

까만 밤에 가려져도
눈이 부시게 빛나는 태양은
여전히 뜨거운 것을
지금의 그대가 보이지 않아도
나의 걸음은 늘 그대를 향함을
그대는 모르리라

계절을 가린 듯 눈이 덮여도
강한 생명력으로 버틴 야생의 풀은
봄이 오기만을 기다리며
忍苦의 시간을 견딘다는 것을
그래야 아름다운 봄으로 꽃핀다는 것을
그대는 모르리라

기도합니다

고독한 밤이 되지 않게 해 달라고
기억하고 기억되어지는
그리워 아픈 그 밤에도
쓸쓸히 무너져 내릴 가슴이어도
여전히 당신을 위해 살 수 있는
뜨거운 가슴이게 해 달라고
기도합니다

떠나는 겨울엔

그렇게 밤 내린 어둠에
차가운 시간은 바람을 꼭 쥐고
눈 덮인 언덕을 오르고 있으리라
그림자 밀고 발자국 깊게 파인
하얀 설원에 눈부신 하얀 달빛도
떠나는 겨울, 새벽의 짙은 어둠에 잠겨
그렇게 빛을 잃어 가고 있겠지

기도하는 밤입니다

간절함으로 고하나니
그대의 삶을 사랑하고
우리의 시간을 사랑하게 하소서

간절함으로 고하나니
어느 고독한 밤에도
그댈 향한 이 마음은 어둠이지 않게
언제나 밝은 달 아래 있게 하소서

간절함으로 고하나니
어느 별 없는 밤에도
그대를 향한 마음 잃지 않도록
우리 사랑함에 단단한 마음이게 하소서

간절함으로 고하나니
기도하는 이 밤에도
모든 신념으로 단단히 버티어
그대를 위해 살아 낼 나의 삶들이
그대의 시간 안에서 평안에 이르게 하소서

어느새 물드네

바람이 하늘에 물들듯
파도가 바다에 물들듯
구름이 노을에 물들듯
산중이 계절에 물들듯
인생이 시간에 물들듯
내맘이 그대에 물들듯
어느새 사랑에 물들듯
우리가 그렇게 물드네

그렇게 떨리는 순간

맛있는 커피를 마시다 문득 그대가 생각나는 순간
바람 속 그대 향기에 혹시 하는 마음으로 둘러본 순간
우연히 어디쯤에서 스친 그대를 보게 된 순간
오랜 헤어짐의 후에도 그대가 그리운 순간
잠들다 깨 흘리는 눈물이 짜다고 느껴진 순간
아직도 너의 체온이 생각나는 이 계절의 순간
겨울비에 마지막 남은 잎새가 떨어지는 순간
걸어가는 길의 뒤로 그림자가 따라옴을 느낀 순간
이어폰에서 나오는 노래가 너의 애창곡인 순간
시를 쓴다고 마주한 백지에 너의 이름이 쓰이는 순간
그러다 이제는 그대가 없다고 느껴지는 순간

우리의 밤도 그런가요

아무도 없는 바닷가
마주 선 여명의 시간
우리의 밤이 머물던 자리엔
밤새 다가오고 떠났을 파도만이
그리웠다 말하는

억겁의 시간 전에도 그랬을 테고
수도 없이 많은 인간의 군상처럼
누군가를 기다리고 또 떠나보내며
그들이 뱉어 낸 삶들을 담담히 맞아
홀로 지켜 냈을 밤의 위대함

텅 비었으나 또 꽉 채워 놓은
바닷가 우리의 추억들도
영원의 시간처럼 그 밤으로
머무르다 또 떠나 버리겠지

그대여 밤으로 오소서

이 밤도 지날 테니
아등바등 사는 세월에도
지나고 행복할 인생
스러져 아픈 날도
그대면 될 것이니
그대여 오려거든
밤으로 오소서

흘러 닿아지는 어디에서든
그대가 함께임을 모르지 않게
어느 때고 가장 어둠에도
함께라고 믿어 당당할 수 있도록
그대여 오려거든
밤으로 오소서

아무것도 남지 않을 세상에
슬픔보다 절망스러운 시간이라도
노을의 자락에 실린 바람처럼
스미듯 머물러 그리워질 그대는
나의 밤으로 오소서

그 섬은

지천이 바다이고
지천이 동백인 섬
굽이굽이 해안도로 따라
옥색으로 빛나는 그 섬엔
새벽의 일출日出과
새벽의 월몰月沒이
함께 아침을 맞이하고
금산의 보리암 목탁 소리로
세상을 깨우는,
그 섬이 남해라

또 어떠랴

나의 아침이
빛나는 햇살이
아니면 또 어떠랴
어디에 있든
그 순간에도
아침은 밝아 오고

어려운 글자로
쓰여지지 않으면 또 어떠랴
가슴으로 전하는 마음이면
어떤 글도 시가 될 것을

내 삶이 화려한 인생이
아니어도 어떠랴
빛나는 순간이 없었대도
내 시간은 소중한걸

이별을 대하는 태도

떠남에 무슨 이유가 남을까
그저 시간이 되었으니 간다는
담담한 인사에
황망히 떠나보내야 하는
속 타는 마음으로 보낸다

이제는 무엇을 말한들 잡을까
그 인연 다하여 안녕을 고함에
그 이별을 마주하고
당연한 수순처럼 담담해진 마음으로
돌아서 지켜 낸 차가운 시간을 마주한다

그렇게 헤어진다면
또 그렇게 만나질 순간에도
널 담담히 대할 수 있다 믿기에
지금의 이별이 슬프지만 않기를
그래서 그렇게 지나가 주길 바라 본다

산중야경 山中夜景

산중의 어둠에 겨울의 시간이

대설의 눈빛에 백야를 밝히면

고요의 시간 속 산턱의 달빛은

고서의 한지 속 수묵화 빛이라

그런 마음으로

그대여 우리,
불같이 타오르는
태양의 심장 말고
어느 순간에도 빛나는
달의 가슴처럼
뜨겁진 않아도
오래 따뜻한 그런 마음으로

어느 들판,
자그락이는 흙길에도
계절이 덮여 하얀 눈길에도
꽃이 지천일 봄 길에도
따뜻한 빛 한 줌으로 스밀 별처럼
그런 마음으로 살아 보세

동백이 핀 어느 겨울 상주 바다에서

따뜻한 햇볕이
눈이 부신 그런 날
그대 미소 빛나는
예쁜 볕 한 줌 뿌려져
고운 모래사장 위
은빛 파도가 가득이고
시린 물결의 바다를 달려
남국의 바람이 닿아진 곳곳
상주* 바다 언덕 동백나무엔
빨갛게 이른 꽃이 피고
계절 겨울 찬 바람에도
나의 시간은 봄으로
시나브로 스며든다

---

* 경상남도 남해군 상주면 은모래해수욕장

소치도에 겨울비가 내리고

겨울비 내리는
남해의 바다
윤회輪回의 시간들이
멈춰진 그 곳
계절을 맞는 바람의 냄새도
하루를 보내는 파도의 색깔도
모든 사계절이 다른 작은 섬 하나
그리고 그 사이를 나는 바람에
담담히 버텨 낸 세월을 각인한
남쪽의 작은 섬 너를 '소치도'라 하라

고향의 봄

'나의 살던 고향은
꽃 피는 산골'
눈을 감아도
보이는 그곳엔
나의 시간과
너의 시간이
기억 깊이 담겨,
그리움 한 조각에도
그곳으로 날 이끌고

너의 따스한 미소가
여전히 생생한 그곳은
눈이 부신 볕 닿은 곳마다
제비꽃이 어여쁘던 곳
그렇게 나의 고향에
봄이 오고 있나 보다

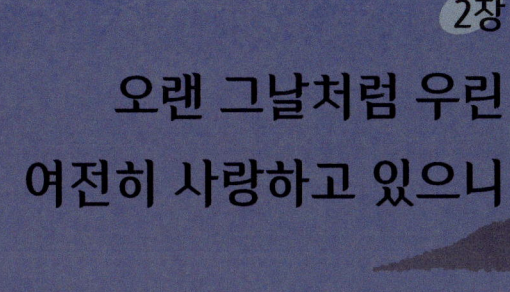

2장

오랜 그날처럼 우린
여전히 사랑하고 있으니

너를 보내면서

얼마나 지나가야 할까
계절의 그날처럼 떠나가고 나면
어디쯤 어느 시간에서야
인정하고 덜어 낼 수 있을까
따뜻한 가슴 한 줌으로 버텨 낸 날들
공허의 안에서 나는 나의 시간을
담담히 맞이하리라
그렇게 보내면서

너는 피었고 나는 좋았으니

발에 채인 흔한 이름이라고
조약돌만큼 지천이라고
네가 꽃이 아닌 건 아니다

사랑처럼 당연히 머물러도
그리움처럼 늘 아린 가슴에도
너는 피었고 나는 좋았으니

네가 이름 없는 꽃이면 어떠랴
네게 의미를 주었을 때
넌 화사하게 피어나리라

볕이 예쁜 그 바람 아래서
사랑 한 줌, 그리움 한 줌으로
너는 피었고 또 나는 좋았으니

이제 나는 어찌하면 좋을까

그리운 밤이 별처럼
셀 수 없이 흐르고
슬프기만 한 그날처럼
여전히 아름다울 그대가,
그리워 지새운 밤이 지나도
보고파 눈물 흘린 시간 뒤에도
나의 시간엔 여전히 아침이
오지 않으니
이제 나는 어찌하면 좋을까

오랜 그날처럼

달콤한 초콜릿보다
더 달콤했던 그대의 미소,
떨리는 손에 꼭 쥐어 건네던
그 작은 초콜릿 상자는
사랑이었다

오래전 그날에도 그랬고
지금 이 순간에도 수줍은 그대,
환하게 미소 짓는 예쁨이
꼭 초콜릿의 달콤함을 닮았다

그대의 설렘이 그리운 날
겨울비 내리는 어느 오후에도
오랜 그날처럼 여전히
그대는 눈이 부시겠지

바람은 설레었다

이른 매화꽃밭 어귀에서도
바다 위를 나는 갈매기 날개짓에도
이름 모를 풀꽃의 살랑임에도
오는 봄은 따뜻했고
그 바람은 설레었다

그대를 두고 온 날처럼

처음 본 그 순간 떨리던 마음이
열렬한 가슴으로 설레어
달음질치는 심장 소리만큼
그대에게 반하던 날에도

사랑하였고 진심이었고
그래서 인정할 수 없는 이별,
우린 헤어졌지만 여전히
그대가 그리운 날에도

이별했지만
그대를 위한 기억은 여전히
생생히 그대의 곁에 남아
날의 밤마다 그대가
그리워 깨어 있던 순간에도

그대를 기억하는
그 겨울은 왔고 그대를 기억해 내고
울음 울며 방황하던 내 모습의 뒤로
그대를 두고 온 날처럼
내리던 눈은 어찌나 차갑던지

우린 사랑하는 사이였다

세상이 감히 알 수나 있으려나
억겁의 시간 세상의 시작부터
그대와 나의 만남이 운명이었음을
바램으로 우린 그 자리에서 스치고
기원처럼 그렇게 만나졌던 그때,
긴 세월에 찰나의 순간이었겠지만
가슴에 담은 영원의 시간들을
우린 결국 기억해 내고 기록하며
서로를 잊지 않으리라는 확신
어느 순간에 우린 이별하지만
또 어느 순간에 우린 만나질 거라
누가 누구의 삶을 기억해 내든
역사로 증명하고 소중히 간직하리라
'너와 나 우린 사랑하는 사이였다'

그대만 모르겠지요

그대에게 이르도록
그 정성으로 피워 낸 꽃술이
밤의 별에 닿아 하얗게 피는 걸

그대만 모르겠지요

그대와 나 사이
수억 개의 별이 쌓여지고
태초에도 흐르던 시간처럼
아득한 이 밤이 지나는 걸

그대만 모르겠지요

그리고 기다리는 날들이
따뜻한 볕 한 줌에 핀 꽃처럼
지천에 가득인 그런 날
제비꽃 가득한 양지 언덕에서
설레어 기다리는 이 마음을

그대만 모르겠지요

그대여 부디

밤새 창문을 때리는 빗소리에
봄이 오는가 설레도 하였더니
아침 파도가 거친 바다를 보며
멀리 두고 온 그대가 걱정이네
선잠으로 새며 빌던 기도처럼
부디 봄이 오는 이 비바람에도
멀리 그대는 강녕하길 빕니다

그 마음이면 어떨까

사랑한다 하고
보고 싶다 하고
돌아서면 금방
그리운 그대가
여전히도 좋은데
어쩌라고 미워하고
어쩌라고 아파하고
어쩌라고 서운할까
사랑한다 하고
보고 싶다 하면
그뿐인 것을

이 눈이 그치고 나면 나의 봄은 오겠지

시간이 멈춘 듯 고요한 적막의 그곳에
한소끔 눈이 내려 덮이면 고단한 삶
피투성이로 아팠던 이 마음도 가리워질까
차가운 바람에 떠는 앙상한 가지 위로
시간은 여전히 계절의 겨울에 있으니
따스했던 그 시간은 어느새 잊히고
하얀 그림자 뒤에 숨어 울던 겨울밤은
시린 상념으로 잠 못 들어 하얗게 센다
이 눈이 그치고 바람에 시간이 흐르면
그렇게 나의 계절도 봄으로 흐르겠지

여울에 서서

흘러가다 이른 곳에
맑은 하늘이 담겨
하얀 구름도 흐르고
맑은 바람도 닿은
홍천강 여울에

눈이 부신 빛 한 줌이
굽이굽이 지친 걸음으로
조용히 쉬어 숨을 고르는 곳

금학산 그림자 진 홍천강은
태극 문양 따라 흐르고

설악의 단풍 팔봉산에
번져 피는 곳

아슬아슬 굽이 따라
강물은 흐르다가
한강의 어디쯤에 만나
저 먼 바다로 이르려나

숙명으로 그대는

어느 곳에도 있지만
어디에도 없는 그대
그래서 그 사실을 알지만
인정하지 못하는 못남으로
내내 찾아 헤매는 시간,
그렇게 그대는
겨울의 모습으로 오고
봄의 꽃 속에 숨어들어
바람의 냄새를 따라
어느 곳에도 있었고
어디에도 있었으니
살면서 망각 속에서
존재의 이유는 잊었지만
그렇게 그대는 나의 숙명으로
살아 있음을 이야기한다

그런 날이면

그런 날이 있다 위로가 필요한
아직 떠나지 못한 계절의 어귀에서
어디로 갈지 몰라 방황하는 내게
그만 멈추어도 좋다고,
그래도 된다고 말해 줄 그대가
그런 날이면 꼭 그대가 생각난다

그런 날이 있다 설렘이 필요한
이른 봄꽃에 마냥 좋은 3월의 어느 날
생각만으로도 가슴이 뛰는 떨림에
그대는 아름답고 그렇게 사랑스러우니
그런 날이면 꼭 그대가 생각난다

그런 날이 있다 그냥 그대가 필요한
바람은 차고 오후의 그 햇볕은 빛나고
바다는 여전히 아름다운데
그대가 없어 슬픈 이 공간에서
그대 위로와 그대의 따뜻한 체온이면
그런 날이면 꼭 그대가 생각난다

서녘의 앞바다가 물들 때

잔잔한 물결 위에 노을이 물들고
먼 길의 고단한 여정을 쉬는
상선들이 잠을 청하는 바다,

고요의 어둠을 지새운 밤이 지나고
각자의 사연들을 싣고 떠나는 뱃전에
한가득 담겼을 누군가의 꿈들,

그 배는 새벽안개를 지나
저 먼 망망대해를 건너가겠지
거친 파도의 지친 결에
이 고요의 바다를 기억하려나,

서쪽의 지는 해는 붉게 물들고
어디서 왔는지 알 수는 없지만
지친 뱃머리 멈추고 쉬는 광양만의 바다는
오늘도 그대에게 가슴을 내어준다

나의 달아

나의 밤은 그대로인데
너의 이름은 이리도 많고
어두운 칠흑의 밤에도
어찌 너만은 혼자 밝은 것인지
어두워져야 빛나는 너라서
슬프게 빛나는가
어찌나 아린 마음인지
억만 겁의 시간이 지나는 동안
너는 빛났고 또 사그라져 가며
이 어두운 밤을 지켜 냈으려니
여전히 나의 밤은 그대로인데
너는 여전히 그곳에서 빛나고
달아 나의 달아
슬픈 너를 어쩌면 좋단 말이냐

봄의 향유享有

떠나온 길의 어디쯤에서
시리고 쓰렸던 시간들을
버티고 걷다 마주한 계절
새벽의 안개처럼 흐린
흑백의 대지에 내린 봄비가
조용히 스미고 젖어든다

구름을 닮기도 했고
바람을 닮기도 했으니

해 비친 언덕에 하얀 벚꽃으로 핀 봄은
바람 닿은 바다에 푸른 파도로 어우러져
소란한 봄의 바람에 아쉬움으로 흩날리고
아직 찬 봄비에 채 피지도 못한 목련꽃이
망울째 바닥에 떨어져 아픈데도

어떠랴 봄인데
겨울의 차가운 시간을 벗고
훨훨 날아 닿은 곳마다 따스함이면
이 봄은 꽃으로 오고 구름으로 흘러
가슴으로 온 세상 가득 설렘이다

목련이 핀 날이면

차가운 바람은 여전히
계절을 시샘하고
그대 기다리던 담장
이른 봄 기다린 꽃들이
먼저 나서 반기는 날

그대 그리운 향기 가득한
설레는 3월의 남해 바닷길
물오른 가지 새
하얀 목련 꽃 핀 날이면

나의 봄은 어느새 달려
그대 앞에 닿아 있네

봄 까치꽃* 핀 봄에

길가 지천에
흔하디흔히 펴
이름 없는 꽃이라 불리더니
제비꽃 닮은 보랏빛에
봄의 색으로 어울릴까
겨울날 지나가는 자리에
진달래 목련 아래로
겨우내 수줍게 기다렸더라
차가운 바람도 스치고
뜨거운 봄볕도 스치면
어느새 넌 피어서
오늘이 봄이라 말을 하네

---

* 일명 개불알꽃이라고 불리는 3월의 봄 들판에 피는 들꽃

슬픈 공통점

가질 수 없는 시간
가질 수 없는 추억
가질 수 없는 그리움
가질 수 없는 설렘
그리고

가질 수 없는 너

가슴을 두고 쉬고 싶네

그대 닮은 작은 집 하나 지어
작은 창에 들어온 햇볕에
푸른 화분 가득 행복을 심고
따뜻한 차 우려내는 향기 속에
그대와 마주 앉아 도란도란
이야기하고 싶네

향기 가득한 텃밭 하나 일궈
우리 이 사랑 한 움큼 심어 놓고
봄이면 진달래, 여름엔 백합꽃
가을엔 수국 향 가득한 그곳에
차가운 겨울이 오거든
하얀 눈꽃 가득하게 담아낸
앞마당 작은 터 그 벤치에
그대와 마주 앉아 도란도란
가슴을 두고 쉬고 싶네

어느새 봄은

알지 못하였네
따뜻한 바람이 불고
서쪽의 노을이 진한 그날에도
불던 바람에 꽃비로 내린 길
그 길을 걷는 그림자 위로
덮여 가는 계절의 날들이
채 빛나기도 전에
봄은 벌써
앞서 저만치 가고 있는 걸

동백이 피던 날 오후가 되면

아마 이때쯤이겠지
오랜 시간을 기다려
너의 붉은 얼굴을
보고 싶었던 때가

일생의 동안에도
넌 피고 또 사그라지겠지
영영 함께이길 바랐던
미련의 그림자 뒤로
때가 되어 떠나는 널
어찌 붙잡을 수 있었을까

네게 머물러 빛나던 난
너의 봄 안에서 전부였음을
꿈인 듯 깨고 보니 서러워
여명의 밤 내내 울며 지새운 날
너의 곁에서야 살아 있음을…

널 그렸던 우리의 봄은
이렇게 떠나고 난 뒤
늦은 동백이 피던 오후
설레는 춘몽처럼 공허에 빠지네

그대에게 반하는 순간

어쩌면
그 순간이면
그대에게 반하는 시간
딱 1분이면 아니 1초면
찰나의 순간에도
긴 시간을 들여다보고
긴 시간을 구애하는 마음

어쩌면
그 순간이면
그렇게 넌 찰나로 와
영원으로 머물고
긴 호흡으로 사랑하고
긴 시간을 약속하는 마음

어쩌면
그 순간이면

기다려도 좋은데

스며든 봄의 하늘이
하얀 벚꽃에 물들고

화사히 빛나는 시간
봄꽃 가득한 날들에

계절은 겨울을 잊고
긴 기다림의 뒤에서

행복할 이 마음이면
기다려도 좋으려니

눈감고 그려 보는 봄
매일이 황홀함이라

동백이 빛나는 봄비 내리는 날에

산속의 진달래보다
길가의 제비꽃보다
더 먼저 피어
계절을 전하는 꽃

바라보고 설레는 맘
기다리고 그리워하는 맘
그렇게 바람으로 피어
어느 길가 어느 담장에
빨갛게 색을 입히고 빛나더니
핀 너의 꽃망울 위로
계절은 봄이 되네

삼월의 봄비 내리는 날
끝내 더 빛나기도 전에
너는 떨어져 흩어지지만
봄의 바람은 불어
너의 색과 너의 향을
멀리 기다리는 임에게
전해 주겠지

그대가 나는 궁금해졌다

시간 위에 앉아
빠르게 지나가는
인생을 보다 문득
숨 쉬고 느끼던
모든 일상에서의 그대가
나는 궁금해졌다

언제는 봄으로
또 언제는 차가운 늦가을로
그렇게 내게 기억되던,

봄비가 내리는
늦은 4월의 오후
이 봄의 그대가
나는 궁금해졌다

붓꽃이 피면

볕 밝은 언덕에
색색의 붓꽃이
하늘 향해 그려 낸 계절
파란 하늘, 하얀 구름 그리고
보라색으로 칠해진 계절이
지나 닿은 곳마다
잘 있다고 그렇게 피워 냈다고
소식을 전하듯 수줍게 서서,
계절의 뒤로 작은 손을 흔드네
붓꽃이 피면 계절은 봄을 지나
그렇게 여름으로 흘러가겠지

봄, 이별가를 부르다

봄꽃은 떨어져 흐르고
황사의 바람에 흔들려
이봄은 그렇게 지나네

떠나는 시간을 알기에
미련을 버리고 담담히
가야할 때이니 보내고

올해도 이봄은 머물고
또져서 어느새 잊히니
어떠랴 이래도 좋은걸

사월의 봄비가 내리면
설레고 애틋한 이봄도
조용히 지나서 가겠지

너는 빛나는 꽃이었다

지나온 시간 내
어느 기억에도 너는
꽃으로 있었으니
문득 생각나는 그런 때도
내게 넌 빛나는 꽃이었다

바람에 흔들렸을 거구
밤에 묻혀 외로웠겠지
비가 내린 날엔 그 속에서
너는 울기도 했을 테구

그런 어느 순간에도 너로,
우리의 안에서 너로,
존재해 준 것만으로도
내게 넌 빛나는 꽃이었다

서로 마주 보는 것

마주 보며 웃어 주는 것
마주 보며 체온을 나누는 것
마주 보며 말해 주는 것
마주 보며 느껴지는 것
.
.
.
우리가 사랑하는 것

남해의 밤바다

아득히 먼
은하의 거리를 지난 별들은
피어 시리게 빛나고
무無의 공간에
아무렇게나 흩어진
시간의 조각들이
바다의 위로 뿌려지면
어느 먼 과거의 날부터
어느 먼 미래의 날에도
여전히 빛나고
여전히 그곳에 있으니
오랫동안 기억하고
또 잊어 갈 밤의 시간에
태고의 별들로 빛나는 바다는
그렇게 그곳을 지키고 있다

그대에게 향하는데

그대에게 이르도록
밤을 달려 닿은 곳마다
별은 피어 빛나고

그대에게 향한
바람은 닿은 곳마다
봄꽃으로 지천이니

어찌하랴 아직도
방황하는 내 가슴은
별 담은 바람에 밀려
그대에게 향하는데

사랑을 추앙*하다

오월의 비로 온다고 했다
억겁의 시간을 걸어
영생을 지나오는 동안
담담히 맞아 냈던 새벽도
그렇게 견뎌 낸 계절의 밤도
무의無意의 굴레에서
서로를 탐하던 바램

잊은 척 살아야 한다고 했다
잊힐 리 없지만
그렇게 정해진 운명이니
아니라고 소리쳐 부정해도
결국 서로의 곁에 서 인정될 우리
그렇게 사랑은 필연이었다

그래도 인생은 행복하다 했다
건조한 가슴 가슴이 끓어
널 향해 요동치는 순간
언제의 생에서 만났고

어디의 생에서도 만나질 우리이기에
그렇게 우린 사랑하고
너와 난 또 사랑해야 한다 했다

* 추앙(推仰): 높이 받들어 우러러봄

성숙成熟

이제는 알 때도 되었지
기억하려면 잊어야 하듯이
잊기 위해 난 또
널 기억하려 애쓰고
스러지고 아파하는
도돌이표 같은 감정 속에서
우린 더 단단해져 가는 걸

인생 고찰考察

무엇을 남기고 가려나
살아 내 온 시간과
또 살아가야 할 시간
인생의 무얼 중요하다 하고
또 무얼 비워 내라 할까

그저 앞선 이들의 발자국을 따라
한 걸음 내딛는 현실은
돌아올 기약은 없어도
가야 함은 알기에
인생의 길을 따라갈 뿐인걸

깨달음은 무엇이라 하랴

고요의 사색 속에
회한으로 풀어 낸 상념이
촛농처럼 사그라지는
여명의 어디쯤에 서서
또 새날을 기다리고 살아 내는 것,

그것이면 될 것을

아카시아 핀 그 밤은 향기롭고

채 붉어지지 못한 서녘 하늘
하얀 구름 사이로 빛나는 달
이른 달빛에 눈부신 그 밤은
아카시아 향기에 젖어들고

어둠의 길 바람을 따라 흐르던
이 시간은 그렇게 빛나 설레는데
눈처럼 내리는 하얀 향기 속으로
흩날리는 오월의 시간 조각이
향 짙은 밤에 젖어 녹아 간다

대나무 숲에서 나를 만나다

오월의 바람 소리가 소란스런
그 숲, 댓잎의 사이로
하늘이 짙어지는 계절

작은 새 소리를 닮은
재잘거리는 계곡물에 실려
시간은 여름으로 흘러가고

공간 가득 채워 낸 떨림,
숲길 가득 청량한 바람은
나의 어제를 지나
또 언젠가의 나에게로 이르는
끊임없는 윤회의 숙명처럼

푸른 그림자 사이를 날아
바람으로 흘러가는 계절의 뒤로
나를 담아낸 숲의 하늘 속에서
마음이 비쳐 낸 고요로
나의 심장 소리를 듣는다

미조항 선술집에서

꽤 익숙한 골목 안
뱃사람의 흥취 돋은
젓가락 장단은 사라졌지만
바다 내음 여전히 가득한 골목은
소주 한잔 기울이고 듣는
우리네 인생 얘기들에
미조항* 작은 선술집은
어느 곳보다 화려하고
눈부시게 빛난다

'오다가다'** 만나지는
우리의 삶들이 모인 골목길
정겨운 흥취 사이 멸치의 비릿함과
일상의 시큰함이 가득 채워져
이 골목의 밤은 더없이 깊이 흐르고

좋은 벗과 마시는 맛있는 소주 한잔이면
우리 인생도 멋진데

그렇게 깊어 가는 눈부신 오월의 밤이
작은 골목길 가득 일렁인다

* 경상남도 남해군 작은 항구
** 미조항 골목 안 이름처럼 맛있는 선술집

감정 시선視線

밀착한 시선이 주는
꽉막힌 어둠의 공간
그리고 어색한 동행
마주한 우리의 이별
남겨진 미련의 감정
그리고 헤매는 방황
그리워 애쓰는 슬픔
그렇게 잊혀질 기억
그리고 성숙한 인정
그작은 감정의 틈새
희미한 감정의 망각
그리고 알게된 진실
살아낼 시간의 정의
무작정 던져진 공간
그리고 버텨낸 시간
그것이 우리의 필연
어색한 감정의 시선
그리고 살아낼 인생

그대여 어찌하오

그대여 어찌하오
끝내 오지 않을
그 시간 속에
나는 빛나지도 않을 텐데

어느 가슴에도
뜨지 못한 별처럼
이 어둠에도 보이지 않으니

바람으로 흩어진
서글픈 계절에도
생채기 난 가슴으로
버텨 낸 시간의 뒤에도
얼만큼의 시간을 아파해야
서로에게 치유될 수 있을까

그대여 어찌하오
이런 반성의 시간에도
덧없이 흐르는 인생 가득
여전히 그대가 그리우니

이별이 그런 거라면

사랑하고 그리워하다
끝내 말하지 못한 고백에
무너진 가슴 부여잡고 우는 마음

눈물도 흐르지 않는 울음에
가슴 미어진 느낌처럼
밤의 어둠 속에 홀로 미쳐 가는 마음

어느 계절에도 빛나지 않는
흑백의 시간에 갇혀
끝내는 잊어야 하는 서러운 마음

담담히 맞이할 용기도 없고
무너져 무의 시간에 흩어질 마음에
끝내 외면될 슬픔처럼
우리의 이별은 그런 거겠지

붉은 작약꽃을 기억하는데

지나온 시간 그리워
설레 걷던 길
오월의 빛 닮은
세월 바랜 담장에
붉은 작약꽃이 물들면
담장 옆 나란히
추억들이 같이 걷네

어디가 시작이고
또 어디가 끝나는 곳인지
알 수야 없지만
시간은 지나 어느 날
그네들의 기억 속에
오월 작약꽃을 좋아한 이로
그 계절엔 열심히 詩를 쓰던 이로
기억되어지길 소망해 본다

잠이 깬 밤에

적막 속 고요로
멈춘 듯한 밤의 시간
점점이 빛나는 별빛도
실낱같은 초승 달빛의 어둠도
계절을 부는 바람 소리도
멀리서 짖는 개의 울음도
분명 어제의 그대로인데
어디론가 쉼 없이 흐르는 시간은
심연의 또 다른 날 속에 잠겨 가고
노루잠귀에 뒤척이는
아내의 선잠 든 숨소리에
뜬눈으로 새는 이 밤이
지금의 내가 살아 있음을 말하고 있네

그대와의 순간이면

따뜻한 빛 한 줌이면 됩니다
나의 계절이 눈부시게 빛나고
세상의 그림자 어느 곳도
환희로 설레이는 시간은

그 순간이면
그런 순간이면
얼마나 좋은지

기억하는 내내
나의 옆에서 나를 밝혀
가득 빛을 채워 주던
그대와의 순간이면

그 순간이면
그런 순간이면
얼마나 아름다운지

그대를 그리워하는 밤에

날 선 말들로 상처 내고
닳아 해어진 가슴을 끌어
밤을 지나 슬픈 시간 속을 걸어도
끝내는 닿지 못할 마음이기에
평생 그대를 향한 속죄의 삶을 삽니다

고정되고 속박된 시선 속에서도
지나가는 모든 삶 내내 그대에게만
친절하지 못했던 모진 철없음이
잊으려 해도 아니 기억을 외면해도
그대 없는 빈 공간에 후회로 날 누릅니다

그대를 기억하고 그리워하는 이 밤도
끝끝내 옅어져 버릴 무의의 시간에도
어느 시간, 어느 공간에서도 잊지 않도록
그대가 남겨 주신 그 따뜻함으로
공허의 마음을 채우고 살아갑니다

그리워 눈물진 시간, 나의 삶 끝 어느 날에
그리던 그대 곁에 서게 되면
잊지 않고 말하고 싶습니다
사랑한다고 그리웠다고 그리고
그대의 품 안에서 행복했다고
그대를 그리워하는 밤에 적어 봅니다

3장

이별의 앞에 선 우리는
서로를 이유로 아파하지 맙시다

그런 아침입니다

그대,
하늘이 파란 날입니다
남해의 바다 섬들의 시간 속에
계절은 오월에 물들고
바삐 움직이는 어부의 물결이
채색을 더하던 그런 날
꼭 그대가 보고 싶은 그런 날입니다

그대,
먼 어느 곳, 반가운 이 소식이면
내 가슴은 그대일까 설레이고
나의 하루는 보석처럼 빛나
어느새 그대의 앞에 가 있습니다

그대,
볼 수 없다고 보이지 않는 것이 아니듯
어디서든 그대의 시간이 평안하길
오롯 기억하는 그대 따스한 미소처럼
그대의 삶도, 그대 안 나의 삶도
행복하길 기도하는 그런 날입니다

그대,
파도 위를 달려 전하는 그대 소식에
고요의 바다는 어느새
여명의 설렘으로 소란한 그런
오늘도 난 그대 생각에
기분 좋은 아침입니다

바다가 물들고

흑백의 섬들이 노을에 물들고
만선의 뱃머리에 부딪히는
주홍빛 파도를 따라
하늘이 계절의 바람에 일렁이면
서쪽 그림자 길게 늘어진
별들의 세계로 들어간 바다는
오늘의 밤을 맞이한다

사막의 별은 빛나고

별이 빛나는
사막의 모래 위
밤의 시간을 걸어
별 위의 그대에게 갑니다

어둠 속에서도
여전히 아름다웠고
그렇게 슬픈 전설처럼
밤의 그림자를 걷던 별 하나

망각을 잊은 기억 속
슬픈 순간으로 사는
낙타의 눈망울에
사막의 별은 빛나고

길을 잃은 나그네가 부는
슬픈 피리 소리를 따라
고요에 잠든 사막의 밤
별의 빛들이 음률에 파도친다

그대에게

그대 차가운 바람으로 오세요
열심히 기억하고 그리워하다
어느 어두운 밤 혹 그대를 잊게 되면
어깨를 스치는 바람으로 와
그대를 기억하게 하세요

그대 오월을 닮은 햇볕으로 오세요
그대 없는 밤이 시린 날들 속에
나의 밤 내내 눈물일 어느 날
눈이 시린 따스함에 눈을 감으면
선명히 그대가 떠오르게 하세요

그대 어두운 어느 밤하늘 별처럼 오세요
그대 찾아 길 잃은 방황의 그림자 속에
숨 쉬는 순간도 힘든 어느 날
그런 밤에 그대 꿈을 꾸게 되면
그대에게 가는 길 잃지 않도록 하세요

세상에 꽃 한 송이 피는데

어떤 모습이면 어떠랴
어느 공간이면 어떠랴
그 자체로 넌 빛나고
그 순간이면 넌 아름다운데
시간과 시간 사이에
남아지고 기록되어
공백의 시간 가득
꽃이라 불리우니
생명을 다해 피워 내고 져 가도
그 향기로 넌 남을 거고
그 빛으로 기억될 테니
그러면 된다
그러니 다 아름다울 필요는 없다
세상에 꽃 한 송이 피는데

파도 소리에 잠든 밤 1

고요한 어둠속 적막의 어느밤
창문밖 소란히 파도치 는소리
그대가 오시는 소린가 설레어
어느새 오던잠 멀리로 보내고
세상은 밤인데 가슴은 밝았네
그대를 떠나온 숱해의 시간도
엊그제 같은데 어쩌랴 여전히
그대가 보고픈 못난이 마음을

파도 소리에 잠든 밤 2

남해의 바다 위
뜨거웠던 낮의 해는
서서히 잠겨 가고
땅끝 먼 금산의
그림자 길어지면

나의 시간은 시나브로
어둠에 잠겨 가네

그런 밤일 테니
그저 그대 잘 있다
전하는 안도감에
멀리 파도 소리
자장가 삼아
오늘도 잠을 청한다

그런 하늘입니다

그런 하늘입니다
문득 올려다보다
그대가 생각나
그 자리에 서서
한참을 바라보던

그런 하늘입니다
서녘의 져 가는 순간
붉은 노을 뒤로
어둠이 스며 슬펐던

그런 하늘입니다
어둠에 잠겨도
그 속에 별을 띄워
길 잃은 그대가
울지 않게 하던

그런 하늘입니다
하늘에 놓은
하얀 구름에

가슴 한 줌 떼어
그대에게 소식 전하던

그런 하늘입니다
바람도 닮고, 바다도 닮고
그런 그대 마음을 닮아
마냥 행복한 그런

'숙명'이리라

어느 별 가득한 마당에
유월의 향은 더 짙어지고
한 줌 스미는 계절 어귀
그대 그리움이 맑아지는,
그런 날에도 여전히 사랑은
서러워 아픈 듯 삐걱대지만

말하지 않아도 아는 감정처럼
살랑대는 바람 속 아지랑이처럼
그대의 품 속 비누 향기처럼
우리를 흐르게 하는 순간은
익숙함에 당연으로 이해되고

얼만큼 지나고 또 얼만큼 서러워하며
어느 곳으로 휘몰아 밀려져도
결국 그대의 품으로 돌아가려니
그대를 사랑하는 것은
우리가 사랑하는 것은
숙명이리라

인생人生을 정의하고

대지의 숨 속을 흐르는 인생,
영원을 그리던 별빛의 밤은
홀로 견딘 세월의 속에서
뜨거운 낮의 시간을 지나
적막했던 평온의 새벽을 향해
그렇게 흘러간다

불행했으나 행복했고
사랑했으나 이별하기도 했고
즐거웠으나 슬프기도 했었으니
이제 이 밤이 지나 맞는
새벽의 어디쯤은
여전히 어느 순간에도 살아 숨 쉬는
모든 것으로 기억되어지겠지

그 또한 우리의 삶이려니
차갑고 외로웠던 이 밤을 견디고
지쳤으나 당당히 맞이하는 새벽
그 아침 해를 향해
모든 것을 마친 우린
담담히 걸어가리라

청춘

어느덧 시간은
그렇게 흘러 내 삶 앞에
멈추어 섰네
청춘가歌 울리던 세월이
언제였던가
겁 없이 뛰어다니던
철부지 패기도
지나고 나니 그리움인데
언젠가 기억에만 남을
내 인생 내 청춘
그렇게 던져진 삶이었어도
사랑했고 행복했으니
그 마지막까지 빛날 내 청춘아
그럼 되었다 잘 살았다

언젠가는

어떤 의미로 존재한대도
이 비에 씻겨 흩어져 가는
모든 고뇌의 순간 속에서도
여전히 그댄 단단히 서서
나를 기억하겠지
흔들리는 어떤 순간에도
물러나지 않던 그 마음으로
버티고 참았던 날들을 보내며
기억하고 그리워하며
우리의 전부가 되었던 시간들
멈출 것 같지 않던 이 장맛비도
뜨겁던 대지에 스며 그치고 나면
그리워 설렜고 그리워 아팠던
이 모든 마음, 그런 어느 순간처럼
결국 남게 되겠지 그래도 행복했다고
시간이 지나가고 흐렸던 하늘
파란 그 하늘을 기다려 본다

그럴 테지요

덧없는 세월
유월의 비가
하염없이 내리는
자그락대는 길 위에 서서

언제쯤에야 만나지려나
내내 그대 그리워
눈물 바람 걸어 놓고
안 오는 그대를 기다릴 테죠

이 비가 함빡 내리고 나면
그리워 기다리던 언덕 어귀
그대 오는 길가로
빨간 장미가 가득일 테죠

사랑 방정식

그대와 시선을 맞추고
그대와 호흡을 통하고
그대와 체온을 나누고
그대와 시간을 공유한
나의 모든 순간에
그대가 함께하는 것
그렇게
우리가 우리가 되는 것

어떠랴 그대라면

마주 보는 삶이 아니어도
나란히 걷는 우리가 아니어도
어떠랴
우리가 같이 같은 방향을 바라보고
우리 시선의 끝이 맞춰져 가는
그런 그 순간이라면
지금의 삶 안에서 함께
행복하다고 믿어도 되는걸

늘 어딘가로 떠밀려
내가 원하지 않는 방향으로 흐르고
흔들리고 또 밀려가고 있어도
어떠랴
우리가 서로를 포기하지 않고
끝까지 버텨 냈던 그 시간이면
지나가고 멈춰진 인생 어디쯤이면
결국 그대에게 이르러서야
행복했음을 알게 될 테니

그런 그 순간에도 늘 곁에서
같이 걸어 주겠다는 그대의 약속이면
어떠랴
지금 난, 지금의 우린
행복하다고 믿으니

평온의 그런 날

바람이 불고
안개가 자욱했던 그런 날

밤새 내리던 빗소리에
뜬눈으로 새던 그런 날

너와의 모든 시간들이
언제나 특별했던 그런 날

비가 그치고 상념의
고요에 잠긴 그런 날

너의 곁에 머물러 숨 쉬는
순간들이 감사한 그런 날

여전히 살아 있고
여전히 사랑하니

그대 그리워 설레던
우리의 밤은 평온에 잠긴다

유행가 가사처럼

떠나는 그대
보내고 돌아서던
하늘, 그리고 산그림자
짙은 어둠의 깊은
심연에 숨어
하늘이 울고 있네

돌아서 걷는 걸음 가득
눈물처럼 젖어든 발끝에
끝내는 돌아보고
한참을 빗속에 서서
그대를 불러 보지만

다 저녁 어두운 시간
그대 보내고 돌아선
가로등 밝던 그 길엔
비는 내리고
그대는 떠났고
그렇게 공허의 길에서
난 어둠속을 걷네

인생결심決心 1

살다 보면 어찌
외롭지 않은 날 있을까
지나가는 시간 길목
마디마디 애절했던
그런 설움이야
무던히도 견뎌 내고

가는 인생길 어찌
고민의 갈림길 없을까
인생 어귀 외길 같았어도
담담히 가다 보면
그곳에 닿아질 테니

후회되어도 어찌
돌이켜 갈 수 있을까
그것 또한 내 삶인데
후회에 슬픈 밤도
단단히 버티고 버텨 내다

그리 맞는 아침 즈음엔
그래도 잘 살았다
웃어 주지 않을까

인생결심決心 2

내가 어떤 모습이 되어야 하고
내가 어떤 사람이 되어야 하고
내가 어떤 순간을 살아야 하고
내가 어느 방향을 바라보아야 하는지
이 순간에 그런 것들은 중요하지 않다

지금의 내가 얼마나 당당히
나의 길에 서 있을 수 있는지
지금의 내가 얼마나 솔직하게
나를 대할 수 있는지
그것이 지금 내가 할 수 있는 전부이니

진심을 다하지 않았다고
그렇게 회피했던 순간순간들이라고
결코 나의 삶이 아니라 부정할 수 있는가
진심을 다했고 내가 되기 위해
가진 그 많은 노력의 시간들이면
끝끝내 지금의 나를 부정하지 않고
그렇게 당당히 또 날 증명해 내리라

밤저녁

그런 밤이었지
낮의 해가 남긴 그림자
채 사라지지 않은 하늘 속
구름 사이로 잠겨 가는 어둠에
이른 별빛이 밝아질 때
시간은 한밤으로 달려가고
음악이 멈춘 스피커 사이
고요로 잠겨 가는 적막,
그렇게 평안한 이 길을 지나
나의 오늘은 밤저녁*에 물들어 간다

---

* 잠자리 들기 전의 그다지 늦지 않은 밤

이별 앞에서 우린

이별의 순간을 맞이하면서
알게 된 가슴 아픈 서러움은
사랑 앞에 주저하던 못남이었습니다

모든 걸 주었고 사랑했고 행복했으니
어떤 이유로든 헤어지게 되었다면
그래서 돌아선 걸음이라면
그 또한 운명이려니 합니다

당당히 멀어져 가면서도
돌아보지 않으리라는 헛된 맹세에도
미련 두지 않는 마음이니
행복했었다 합니다

우리가 이별합니다
한 걸음 또 한 걸음 이별의 거리가 멀어질수록
그리움은 커지고 슬픔은 작아질 믿음,
그런 이별 앞에 오늘 그대를 보내 줍니다

그대를 기억하리라

그대의 미소처럼 빛나던
칠월의 어느
별빛 찬란하던 밤
바람은 시원했고
고요의 속에서도
외롭지 않던 그날,

여전히 사랑했고
여전히 사랑하니

그대의 가슴 가득
나의 사랑이 머물렀음을
그대의 미소는 아름다웠고
그대의 목소리는 달콤했음을
난 영원히 기억하리라

그대는 늘 나의 편입니다

숨이 차도록 힘겨운 길 위에서
언제고 포기하고 싶었던 난
힘이 겨운 날들에 있어도
무너지지 않고 버틸 수 있었던 건
그대의 응원 덕분이었습니다

잘할 수 있다는 격려와
작은 성취에서의 함께해 준 기쁨,
좌절 속에서 어루만져 준 따스함
그리고 포기하지 않을 용기
그대가 나의 옆에서
함께해 준 덕분입니다

그대의 그림자 뒤에서
중년이 된 나이에
여전히 그대 뒤를 따르다 문득
유난히 기력 없고 굽은 허리의 그대
뒷모습에서 가만히 그대 등을
밀며 걸어 갑니다

어느새 하얀 백발이 되셨고
그대의 그림자가 작아져 있음을
알게 되어 가슴이 무너져 내립니다
부디 조금 느린 걸음이어도
아니 작아진 그림자여도 이렇게
나의 앞에 서 계셔 주시길
그대 손을 잡고 가만히 전해 봅니다
사랑합니다 아버지
감사합니다 아버지*

* 이 詩를 사랑하는 아버지께 바칩니다

빛나던 별의 밤에 앉아

아마도 그런 날이었지
바람도 고요하고
한낮의 뜨거운 열기가
채 식지 않은 밤
어둠이 그림자 진 곳에
풀벌레 시끄럽게 울어 대고
그 속에 투영된 넌
하얗고 예뻤지

아마도 그런 날이었지
능소화가 가득한 마당에
빛나던 별들이 가득 핀 밤
그냥 어디를 보아도 평화롭던
8월의 어느 날 밤에
나란히 앉아 듣던
노래 속에서 넌
빛나고 사랑스러웠지

아마도 그런 날이었지
여전히 아름답고
여전히 고요하던 그 밤이면
넌 내게 살아 아름답고
영원히 빛나겠지

사랑받고 사랑하고

사랑받고 사랑하고
꿈처럼 설렌 사랑이면
달처럼 그리운 사랑이면

어두운 밤에도 빛나고
차가운 겨울에도 따뜻하고
어느 공간에서도 향기로운
그런 사랑이면

나의 하늘은 늘 맑고
나의 밤은 별처럼 빛나
사랑받고 사랑하며 행복하나니

어찌 내가
그대를 사랑하지 않을까

사랑한다고 말하리라

어느 밤도 외롭지 않은 날이 없었다 했다
그렇게 견뎌 내던 날들 속에서 나의 눈물은
말하지 못한 참회의 모든 것은 아니었으리라
기다려 주던 그 단아한 어깨선으로
양지의 수국처럼 핀 모습으로 그댄 있어 주었으니

어느 밤도 그립지 않은 날이 없었다 했다
그렇게 보고파 하던 어둠의 그림자 속에서
가슴 아파하며 울기도 했었으리라
뜨거운 여름날 피어난 구름처럼 흘러
어느 하늘에서 그대의 시선에 닿아 빛날 마음이었으니

어느 밤도 사랑하지 않은 날이 없었다 했다
그렇게 불러 보는 너의 이름 속에서
어느새 나의 가슴은 그대에게 닿았으리라
빛나는 칠월의 오후 눈부신 햇살에 실어 고백한다
그대에게 다가가 손잡고 말하리라 사랑한다고

동행

같이 걸어가 주는 것이라 했다
어느 순간에도 흐트러지지 않고
어느 시간에도 잊지 않는 결심
그대의 손을 잡고 함께 걷는 길 위에서
그것이면 되었다 했다

같이 바라봐 주는 것이라 했다
어느 계절에도 사랑한다 하고
어느 시간에도 그리워하는 마음
그대를 가슴에 담고 선 순간부터
우리의 사랑은 시작되었다 했다

같이 지켜 주는 것이라 했다
어느 공간에 머무르더라도
어느 시간에도 함께 있는 우리
그렇게 같이 걷는 인생에서
서로의 곁을 지켜 주는 것이라 했다

다시 그 순간이면

그순간 그랬으면 되었다
언제나 그랬듯이 그렇게
순간을 망설였던 매일에
그대의 기억속에 머물다
끝끝내 서러움에 울음운
서글픈 젊은시절 내청춘
시간이 지나가야 잊을까
얼마나 아파해야 나을까
망각속 기억되는 그대여
눈물속 후회스런 그대여
다시야 그순간이 오련만
우리가 서로앞에 선다면
그때는 후회하지 않도록
그대를 사랑한다 말하리

웃으며 그대를 보냅니다

그런 이별일 테죠
슬퍼하지 말아요
그대와 함께 있던 그 시간은
내게 행복이었으니
지금 헤어지는 순간에도
웃으며 그대를 보냅니다

그런 이별일 테죠
아파하지 말아요
그대의 미소 띤 얼굴을
기억하는 나의 눈 속에
여전히 행복할 우리이기에
웃으며 그대를 보냅니다

그런 이별일 테죠
그리워하지 말아요
그대 보고픈 밤이면
그대의 숨 속에 나의 눈 속에
여전히 함께하는 우리이기에
웃으며 그대를 보냅니다

들꽃으로 기억하라

이른 계절의 바람이 피웠을까
산천 어디에도 피었고
들판 어디에도 피어
흔하다 했더니
어느 이름으로도 불리어
빛 한 줌, 바람 한 줌
그리고 그리움 한 줌으로 피어
그 계절을 견뎠고
그 시간을 넌 견디어 내었구나
뜨거웠던 여름 볕이 식고
곧 계절 가을이 올 날에
넌 그렇게 피어라
이름이야 어떻든
들꽃으로 피어
널 기억하게 하라

시인詩人의 고백告白 1

죽을 때까지 쓰겠노라 했다
고혈을 짜는 고통이라는
어느 시인의 고뇌 찬 얘기를
그저 막걸리 잔 털듯
삼켜 댄 그 젊은 시인의 호기로
단어 하나와 씨름하며
몇 날의 어느 밤을 새웠는지 모른다

글쟁이로 살면 먹고살기 퍽퍽하다는
어른들의 말씀에도 놓을 수 없었다
가슴이 터져 나가고 머리가 울리는
혼란의 인생 속에서도 너만은 고요했으니
삼십 년을 넘게 쓰고 지운 삶이 얼마인가
그렇게 시인은 나이를 먹고 일상을 산다

그래도 어쩔 수 있나
죽을 때까지 쓰겠노라고 적은
내 첫 글귀와의 약속을 난 지켜 낼 것을,
어느 계절의 그 그림자 뒤에 쓰러진대도

늘 그리워하고 또 서러워하며
감정의 모퉁이를 돌고 도는 이 작업을
난 멈출 수가 없다

시인詩人의 고백告白 2

사람을 향해 사랑으로 사는
그런 세상이자고
어느 순간에도
당당한 의지로 서서
오늘의 내가 내일의 내게
부끄럽지 않는 마음으로 말하는

살아 내며 공감할 모든 것들이
진심인 그런 날들 속에서 난
나의 마음을 글자로 적는다
그 글자들이 모여 詩가 되고
산문이 되어 남겨질 기록

그렇게 언젠가의 나에게 전한다
진실과 거짓이 의미가 없는
그 순간을 살아 내는 우리의 나는
그 순간 속 나의 삶에서 진심이었을 테니
마음을 꾹꾹 눌러 쓴 글자 속에서 난
오늘의 이야기를 미래의 나에게 전하는
이 글쓰기를 멈출 수가 없다

그대와 걷습니다

그대와 걷습니다
아직 꽃이 피지 않은
자드락한 길, 인생길에
겨울을 견디고
봄을 보내고
그런 여름의 뒤편에 선
가을의 어느 날에 핀
사랑스런 꽃 한 송이 닮은
그대 손을 잡고
내 삶 위를, 그 길 위를
함께 걷습니다

그대에게 반한 시간은

그 순간이었습니다
동해의 바람을 나는 꽃잎처럼
하늘거리는 푸르름을 닮아 눈부신
그대의 모습에 반한 그때

그 순간이었습니다
산중을 날던 초롱새 날갯짓처럼
재잘거리던 빛나는 소리를 닮은
그대의 귀여움에 반한 그때

그 순간이었습니다
더없이 청명했던 하늘 속
더 선명해 빛나는 그대 모습이
생각만으로도 행복한 순간
그대에게 반한 그때

그 순간이었습니다
9월의 오후 볕은 눈이 부셨고
가을로 물든 대지는 그대 눈을 닮아
생각만으로도 미소 짓게 만드는 시간
그대에게 반한 그때였습니다

같은 마음이었을까

같은 마음이었을까
햇살 아래 기다리던 마음과
그 먼 길을 달려온 마음이,
바닷가 산책로를 걸으며
같이 듣던 파도 소리, 그 바람
이 마음을 그대도 느꼈을까
그건 설렘이었다고

같은 마음이었을까
시 한 편 읽어 주던 음률에 실은
떨리던 그 목소리를
그대도 들었을까
내 마음 소리 내 들려줄 때
그건 시였고 사랑이었으니
다 전하진 못한 아쉬움을
그대는 느꼈을까

어쩌면
그랬다면
나도 같은 마음이었다고

가을 편지

그대여 가을입니다
볕이 좋은 카페에 앉아
가을 앞 그대에게
편지를 씁니다

그대의 시간 어디쯤에도
이 계절은 닿아 변할 테지요
만나지 못한 시간 내내 그댄
안녕히 잘 지내는지

그대와 헤어지고 긴 시간
계절의 색은 옅어지지만
기억 속 눈부셨던 계절은
더 선명해져 갑니다

그대여 내 삶 안에 모든 순간을
사랑으로 사는 인생
우리의 약속은
어느 날의 바람처럼
우리의 안에서 바래지다
그렇게 사그라지길

그대여 가을입니다
그리워하고 그리워하며 이 가을
그대에게 편지를 씁니다

그런 달이더라

그런 달이더라
늘 그곳에 있었고
항상 그렇게 비췄던
어두운 밤 어디쯤에서
지켜 내고 있던 달이더라

이별한 밤의 하늘엔
어둠에 숨어 나의 눈물을
감추어 주었고
그대가 그리웠던 밤엔
지샌 그날을 환하게
비추어 주었던 달

내가 그댈 찾아가는 길을
그대가 날 찾아오는 길을
잃지 말라고
밤새 비춰 낸 그 빛으로
오랜 그 시간의 뒤에서도
그댈 잊지 않았으니

그런 달이더라
어두운 밤 어디쯤에서
여전히 지켜 내고 있던

그대의 밤엔

우리의 밤하늘에
달이 없다고
그 모든 것이 없어진 것은 아니다
어느 곳엔 별도 있고
그 뒤편엔 별을 비춰 낸 태양도 빛날 테고
그림자 속에 가려진 달도
여전히 눈부시게 빛나고 있을 테니
그 밤하늘에 달이 없다고 슬퍼하지 말라
암흑의 그 순간에도 우리 사랑은 빛났고
여전히 그리워하며 기억할 테니
부디 슬픈 밤에 서 있지 말고
부디 그림자에 갇혀 눈물 흘리지 말라
어두운 밤하늘이어도
그대를 기억하는 이 밤엔
달도 빛나고 별도 아름다우니

가을 닮은 그대여

붉은 메밀꽃 가득인 들판에
계절을 닮은 비가 내려 덮이고
바짓단 적시며 걷는 길 위로
꽃잎이 빗속에 흐르는데

긴 세월의 밖에서도 그렇게 흘러
세월은 지금 이곳에 닿았을 테니
문득 인생 닮은 시절 꽃에
피었다 지는 나를 닮았다 하네

사랑한 순간이 지났어도
여전히 그립고 아쉬움이니
여기까지라 선 그어 놓은 듯
더 이상 다가가지 못할 인연이어도

불타듯 뜨거울 한철이면 어떨까
현재를 사는 우리가
열렬할 수 있다면 또 무얼 못 하랴
그렇게 한 세상이니
가을 속 나는 그대가 여전히 그립다

아득히 먼 곳에

비가 내리는 밤하늘 아래
아득히도 먼 너를 그린다
그대의 밤을 걱정하고
그대의 별을 바라보고
그대의 계절을 기다리고
그대의 바람을 느끼고
그대의 시간을 그리고
그대의 마음을 바라고
그대의 미소를 그리워하고
그대의 하얀 손을 그리워하고
그대의 목소리를 그리워하고
그대의 체온을 그리워하고
그대의 눈물을 그리워하고
그대의 배려를 따뜻이 하고
그대의 전부를 기억해 내고
그렇게 옆에 없음을 기억하곤
가슴 아린 새벽을
아침으로 맞는다

계절은 흐르지만

또 얼마나 지나가야 알까요
수천의 시간이 흘러도
알 수 없는 마음이라면
그렇게 지나가게 두어야 하는데
여전히 잊지 못하는 내 마음은
무엇으로 설명할까요

어느 시간엔 스치기도 했겠지요
그렇게 계절이 바뀌듯 흐른 시간 동안
그대를 알아보지 못한 마음이기에
그렇게 지나가게 두어야 하는데
이별을 기억하여 슬픈 사랑이라도
여전히 그대 잊지 못하는 마음이라
만나질 거라 난 운명을 믿어 봅니다

그렇게 빛나더이다

하늘이 비친 바다가
청명한 어느 그날
물결이 닿아 눈부신 모래 위로
바람을 따라 나는 갈매기의 깃처럼
시간은 부서져 의미 없이 흩어지고
바람은 날아 먼 남국을 향하는데
팔월의 오늘은 홀로 남아
파란 하늘 위로
파란 바다 위로
그렇게 빛나더이다

가을이 되었습니다

그런가요
그렇게 오다 물든 시간들이
가을이 되었습니다
코스모스가 피면 온 줄 알았더니
어느새 스며 이른 아침 바람에
성큼 와 있습니다

그런가요
그렇게 머물러 있었던가요
시간이 가을이 되었습니다
여름 장미 져 내린 자리마다
푸른 날들이 살랑대는 하늘
노을빛으로 물들던 날
나의 계절은
가을이 되었습니다

간이역에 서서

어느 간이역에 서서
멈추지 않는 기차의 뒤를
하염없이 바라보다
우리 인생에서
얼마나 많은 사랑이
멈추지 않고 떠났는지 생각해 본다
어느 날엔 기세 좋게 멈춰 섰기도 했고
어느 날엔 하염없는 뒷모습에
몇 날을 울기도 했을 테니
동동거리며 기다렸을 그 순간
종착역인 듯 멈춰 선 사랑에
진심이었고 모든 것이었으니
내 인생은 간이역에 섰으나
그대를 사랑하는 마음이 머물러
우리의 사랑은 부디
이곳에 머물러 갈음되기를

그렇게 흘러간다

가을이 물든 시월의 날
새벽부터 내리던 빗소리
기억을 지난 공간에 스밀 때
그리운 밤에 갇힌 어둠 한 줌이
아무도 없는 공허의 바다를 날아
산비탈 갈대 아래 숨을 쉬고
지나간 어느 시간의 슬픈 시간들 속
가을비 내리는 시월의 오후는
젖어드는 대지 속을 담담히 지나
가을의 끝으로 흘러간다

누군가로 아파하지 마라

그대, 아파하지 마라
누군가를 더 그리워할
행복도 내 마음이니
그대 있음에 행복할 날들에
누군가의 무관심이라고
아파하지 마라

무심히 시작될 가을이기에
누군가를 사랑한 마음도
그렇게 무심히 시작되었을 테니
알아주지 않는다고
아파하지 마라

스미고 물들다 언젠가는
무채색으로 돌아갈 사랑일 테니
왜 더 붉지 않느냐 속상치 말고
왜 더 빛나지 않느냐 따지지 말고
너의 색으로 빛나다 져 갈 뿐이니
그대, 아파하지 마라